Anonym

Dramatisierung lyrischer Texte am Beispiel von Erich Kästners "Sachliche Romanze"

GRIN Verlag

Bibliografische Information der Deutschen Nationalbibliothek:

Die Deutsche Bibliothek verzeichnet diese Publikation in der Deutschen National-
bibliografie; detaillierte bibliografische Daten sind im Internet über http://dnb.d-
nb.de/ abrufbar.

Impressum:

Copyright © 2014 GRIN Verlag GmbH
Druck und Bindung: Books on Demand GmbH, Norderstedt Germany
ISBN: 978-3-656-89564-0

Dieses Buch bei GRIN:

http://www.grin.com/de/e-book/289176/dramatisierung-lyrischer-texte-am-beispiel-
von-erich-kaestners-sachliche

GRIN - Your knowledge has value

Der GRIN Verlag publiziert seit 1998 wissenschaftliche Arbeiten von Studenten, Hochschullehrern und anderen Akademikern als eBook und gedrucktes Buch. Die Verlagswebsite www.grin.com ist die ideale Plattform zur Veröffentlichung von Hausarbeiten, Abschlussarbeiten, wissenschaftlichen Aufsätzen, Dissertationen und Fachbüchern.

Besuchen Sie uns im Internet:

http://www.grin.com/

http://www.facebook.com/grincom

http://www.twitter.com/grin_com

SEMINARARBEIT 2014

Rahmenthema des Wissenschaftspropädeutischen Seminars:

Dramatisierung von Gedichten und kürzeren Erzähltexten

Leitfach: Deutsch

Thema der Arbeit:

Dramatisierung des Gedichts „Sachliche Romanze" von Erich Kästner

Inhalt

1.Einleitung

Literarische Werke werden allgemein in drei verschiedene Gattungen eingeteilt: Lyrik, Epik und Dramatik. Die Epik als „literarische Gattung, die jede Art von Erzählung in Versen oder Prosa umfasst"[1] ist hierbei den Menschen zumeist am geläufigsten wegen ihres großen Umfangs und ihres häufigen Auftretens im Alltag. Das Augenmerk soll nun aber vor allem auf die beiden anderen Gattungen gerichtet werden. Die Lyrik als „literarische Gattung, in der mit den formalen Mitteln von Reim, Rhythmus, Metrik, Takt, Vers, Strophe u. a. besonders subjektives Empfinden, Gefühle, Stimmungen oder Reflexionen, weltanschauliche Betrachtungen o. Ä. ausgedrückt werden"[2] und das Drama als „Bühnenstück, Trauerspiel und Lustspiel umfassende literarische Gattung, in der eine Handlung durch die beteiligten Personen auf der Bühne dargestellt wird"[3] erscheinen einem weit weniger üblich, sind aber äußerst interessant zu betrachten. Den oben genannten Definitionen nach sind beide Gattungen sehr unterschiedlich und scheinen nicht auf einen Nenner gebracht werden zu können. Doch ist dem tatsächlich so? Im Folgenden soll der Versuch, einen lyrischen Text in ein prosaisches Drama umzuwandeln, beschrieben werden. Als Ausgangstext soll hierfür das Gedicht „Sachliche Romanze" von Erich Kästner herangezogen werden. Erich Kästner, der als einer der bedeutendsten deutschen Schriftsteller gilt, schreibt hier über das Thema Liebe, das die Menschen schon immer am meisten beschäftigt hat und setzt sich in, für ihn üblicher, ironischer Form mit Kommunikationsproblemen in einer Liebesbeziehung auseinander.

2.Dramatisierung des Gedichts „Sachliche Romanze" von Erich Kästner

Im Folgenden sollen die verschiedenen Schritte einer Dramatisierung aufgezeigt werden am Beispiel des Textes „Sachliche Romanze" von Erich Kästner

2.1 Dramatisierung lyrischer Texte

Bevor näher auf den konkreten Fall von „Sachliche Romanze" eingegangen wird, werden nun allgemeine Informationen zum Dramatisierungsvorgang gegeben.

2.1.1 Probleme bei der Dramatisierung

Bei der Umwandlung eines lyrischen Texts in einen dramatischen tauchen ein paar Probleme auf, die vor Beginn bedacht werden müssen. Ihre Wurzeln liegen in der Unterschiedlichkeit der beiden Textgattungen. Der offensichtlichste Unterschied ist die Länge. In der Regel weisen sich Dramen durch eine höhere Anzahl an Worten aus als „lyrische Texte [die sich]

---

[1] Duden
[2] Duden
[3] Duden

durch […] ihre relative Kürze aus[zeichnen]"[4] wie „Sachliche Romanze", das aus 115 Worten besteht, den Titel eingeschlossen. Das dramatisierte Endwerk wird eine Größe von etwa 7.500 Wörtern erreichen. Der Stoff, der tatsächlich in dem Gedicht von Erich Kästner behandelt wird, muss also erzwungenermaßen gestreckt werden. Die Geschichte, die ursprünglich erzählt wird, behandelt nur ein Ehepaar, das sich offensichtlich entfremdet hat und beschreibt, wie schlecht es damit umgeht, nämlich indem es diesen Konflikt ignoriert und in einen phlegmatischen Trott verfällt. Mit der Beschreibung dieser Situation lässt sich kein Drama schreiben und wenn doch, ein äußerst repetitives und langatmiges, was dem Grundgedanken der Textgattung widerspricht, denn „das griechische Wort Drama bedeutet Handlung"[5] und „die Handlung ist [für Aristoteles] wichtiger als die Charaktere"[6]. Die Aufnahme einer Lage, die „Sachliche Romanze" darstellt, entspricht nicht der Funktion eines Dramas, enthält zu wenig Geschehen. Das zweite nennenswerte Problem steckt in dem behandelten Thema und der Grundstimmung des Gedichts. Im Stile der Neuen Sachlichkeit hat Kästner nicht versucht, besonders poetisierend oder unterhaltend zu schreiben, sondern in „einer […] sachlich, nüchternen Sprache, bis hin zur Entsentimentalisierung […], deren Dimensionen das Schreiben der Neuen Sachlichkeit [bestimmen]"[7]. Dies und das gewählte Thema der gescheiterten Ehe tragen zu der melancholischen Wirkung bei. Auf 115 Wörter stört sich daran kein Rezipient, wenn nun aber das Werk „für die Inszenierung in einem Theater geschrieben"[8] wurde und in seiner planmäßigen Form Zuschauer über mehrere Akte hinweg unterhalten oder wenigstens nicht missfallen soll, so stieße eine durchgehende Sachlichkeit den Menschen wohl auf. Die lange Form des Dramas fordert Abwechslung und auch Entwicklung, vielleicht sogar ein gutes Ende, das die Zuschauer aus ihrer Desillusionierung, hervorgerufen durch seelisch belastende Szenen, wieder entlässt. Das spricht im Grunde nicht dafür, dass Lyrik geeignet ist, um dramatisiert zu werden. Das letzte Problem, das beim Umschreiben aufkommen wird, ist spezifischer und besonders auf das vorliegende Gedicht bezogen. Es geht dabei um die fehlende Kommunikation. Nicht nur kommt in dem Urtext kaum welche vor, es wird auch beschrieben, wie wenig sich die behandelten Personen zu sagen haben. Sie sprechen nur routiniert und ohne Interesse. Da ein Drama eine Textgattung

---

[4] (Becker Sabina, Grundkurs Literaturwissenschaft, 2006); S.80
[5] (Birch Christian, Dramatik: oder, Darstellung der Bühnenkunst, historisch, theoretisch-praktisch, für Künstler und Freunde der Ästhetik, 2010); S. 24
[6] (Hoffmann Michel, Drama: Grundlagen - Gattungsgeschichte - Perspektiven, 2013); S.14
[7] (Elke Reinhardt-Becker, Erich Kästner. Neue Sachlichkeit und persönliche Erfahrungen: Eine Interpretation der Gedichte "Sachliche Romanze" und "Repetition des Gefühls", 2005); S.2
[8] (Becker Sabina, Grundkurs Literaturwissenschaft, 2006); S. 149

ist, die „die Handlung nicht im Nachhinein"[9] „und nicht durch eine Erzählinstanz vermittelt"[10] und somit meist von den Dialogen lebt, kommt hier ein Widerspruch auf. Es ist natürlich durchaus möglich, auf Reden zu verzichten, auch bei einem Drama, doch muss so auf die Vorteile solcher verzichtet werden, wie das Aufkommen von Tiefe und das leicht ersichtliche Darstellen von Beziehungen zwischen den Figuren. Auch soll die Prämisse, die mangelnde oder fehlgeleitete Kommunikation für nahezu alle Konflikte der Welt, speziell an Beziehungsproblemen verdeutlicht, verantwortlich macht, die Kommunikation betreffen, zwar die fehlende, aber so darf auf Reden, eine verbale und so allgemein verständliche Art des Informationsaustausches, nicht vollkommen verzichtet werden. Die Prämisse darf nicht ausgelassen werden, wie Lajos Egri deutlich macht: „Alle Aussagen laufen auf dasselbe hinaus: Sie benötigen eine Prämisse für Ihr Stück."[11] Vor allem bei einem solchen Themengebiet, das die „Wiedergabe menschlicher Handlungen, die im Allgemeinen der Erfahrungswelt des Publikums entsprechen"[12] geradezu provoziert, ist es wichtig „[die] Möglichkeit des Zuschauers sich in die Handlung und die Figuren einzufühlen oder sie als vorstellbare zu reflektieren"[13] zu nutzen und so dazu beizutragen, dass „die Gesellschaft [im Theater] über ihr Tun, ihr ‚Wesen', […] ihre eigenen Handlungen anschaut und kritisch reflektiert"[14]. Hinzu kommt noch, dass die behandelte Prämisse in diesem Fall das komplexe Gebiet der Liebe miteinbezieht, was die Wichtigkeit der Botschaft noch verstärkt, „denn die Frage nach der Gestalt und nach dem Gehalt von Liebe ist wohl eine der am häufigsten gestellten Fragen des 20. und auch des beginnenden 21. Jahrhunderts"[15] und beschäftigt die Menschen. Elke Reinhardt-Becker schreibt außerdem: „Liebe und Literatur scheinen zusammenzugehören. Ist die Liebe das favorisierte Thema literarischer Darstellungen, so war und ist die fiktive Liebesgeschichte oft Vorbild für die in der Realität Liebenden"[16] und „Die Literatur ist neben der Philosophie der bevorzugte Ort, an dem Antworten auf diese Probleme entworfen und neue Modelle für das menschliche (Zusammen-)Leben erprobt werden"[17]. Das Drama braucht also Reden, da diese die Prämisse am besten unterstreichen können. Kästner

---

[9] (Becker Sabina, Grundkurs Literaturwissenschaft, 2006); S.148
[10] (Becker Sabina, Grundkurs Literaturwissenschaft, 2006); S.80
[11] (Egri Lajos, Dramatisches Schreiben. Theater-Film-Roman, 2003); S.20
[12] (Hoffmann Michel, Drama: Grundlagen - Gattungsgeschichte - Perspektiven, 2013); S.11
[13] (Hoffmann Michel, Drama: Grundlagen - Gattungsgeschichte - Perspektiven, 2013); S. 11
[14] (Hoffmann Michel, Drama: Grundlagen - Gattungsgeschichte - Perspektiven, 2013); S. 28
[15] (Reinhardt-Becker Elke, Seelenbund oder Partnerschaft?: Liebessemantiken in der Literatur der Romantik und der Neuen Sachlichkeit, 2005); S.11
[16] (Reinhardt-Becker Elke, Seelenbund oder Partnerschaft?: Liebessemantiken in der Literatur der Romantik und der Neuen Sachlichkeit, 2005); S.14
[17] (Reinhardt-Becker Elke, Seelenbund oder Partnerschaft?: Liebessemantiken in der Literatur der Romantik und der Neuen Sachlichkeit, 2005); S.23

beschreibt in „Sachliche Romanze" ebenso durchaus einen gewissen Informationsaustausch, aber keinen der gesellschaftlich erstrebenswert erscheint. Diese drei Punkte, der wenige Stoff, die negative Stimmung und die mangelnde Kommunikation, stellen die Hauptprobleme dar, mit denen umgegangen werden muss bei einer Dramatisierung.

2.1.2 Lösungen zu den Problemen

Vor dem Schreiben des Dramas sollten diese gelöst werden, um den Entstehungsprozess nicht zu behindern. Die Problematik, dass „Sachliche Romanze" nicht genügend Stoff enthält für ein Drama, kann behoben werden, indem etwas zu der erzählten Geschichte hinzugefügt wird. Man geht von der beschriebenen Lage als Ausgangssituation aus und stellt sich dann Fragen nach dem Weitergang. Was könnte danach passieren? Wie könnten die Figuren agieren? Welche Möglichkeiten gäbe es? Und damit kommt an dieser Stelle der Punkt, bei dem man sich als Autor nicht mehr hundertprozentig an den Urtext hält und es dramatisiert. Für eine audiovisuelle Darstellung werden die Charaktere ausgearbeitet und mit Wiedererkennungsmerkmalen versehen. Im ursprünglichen Text kann man schwer die Handlungen der Personen auf den Mann oder die Frau zuordnen, auch wenn es nur zwei gibt, da Kästner hierauf nicht den Fokus gelegt hat. Als Orientierung hieran werden die Hauptfiguren im Drama ebenfalls nicht zu unverwechselbaren, extrovertierten Persönlichkeiten, aber dennoch unterscheidbar wegen des zusätzlichen visuellen Aspekts, da „das Drama mit seiner Orientierung am schriftlich fixierten Text nur eine […] Dimension des Theatralischen darstellt, dass dessen Realisierung aber immer über den Text hinausgeht und […] sich […] erst in der Aufführung realisiert"[18]. Das zweite Problem handelt von der bedrückenden Stimmung des Poems. Diese muss im Rahmen der Dramatisierung umgewandelt werden. Außerhalb von Kernszenen, die konkret die Beziehung zwischen den beiden Hauptfiguren beschreiben und natürlich diese belastende Wirkung ausstrahlen müssen, wird es Einschübe geben. Diese Pausen von der bedrückenden Stimmung sollen in Form von Szenen auftreten, die lustige oder aufweckende Elemente enthalten, denn schon „Friedrich Nietzsche hat darauf hingewiesen, dass ekstatische und irrationale Momente die Grundlage des Dramas bilden"[19]. Diese Auflockerung soll durch zusätzliche Charaktere geschehen. Hierfür eignen sich besonders Vertraute des Ehepaars, die den beiden, möglichst getrennt voneinander, nahe stehen. Das beschreibt im Grunde Freunde. Jeder Ehepartner wird dafür einen erhalten und beide sollen eine Einstellung innehaben, die entspannter und lebensbejahender ist als die der eigentlichen Hauptfiguren. Diese Einstellungen können, mit

---

[18] (Hoffmann Michel, Drama: Grundlagen - Gattungsgeschichte - Perspektiven, 2013); S.10
[19] (Hoffmann Michel, Drama: Grundlagen - Gattungsgeschichte - Perspektiven, 2013); S. 13

diesem Ziel vor Augen, auch in die Extreme gehen. Sie werden im Rahmen der Charakterisierung aller Figuren näher beschrieben werden. Das führt zu der Lösung des abschließenden Problems der mangelnden Kommunikation. Dass auf eine gewisse Art der Kommunikation nicht verzichtet werden kann, wurde ja schon angedeutet, denn „Reden kann als wichtiges Element des Dramas […] angesehen werden"[20]; doch hierbei können selbstverständlich keine wahren Gefühle und Gedanken besprochen werden, da so der tragende Konflikt des Dramas aufgelöst würde und „ein Stück […] besteht im Grunde genommen von Anfang bis Ende aus einer Krise, die zu einer […] Auflösung führt[21]. Um dem Zuschauer dennoch das Innere der Hauptfiguren nahe zu bringen, werden auch hierfür spezielle Figuren eingefügt. Diese sollen tatsächlich ausschließlich für den Rezipienten bestimmt sein, sodass außer ihnen selbst niemand auf sie reagiert. Sie werden nicht einmal wahrgenommen. Von diesen wird es zwei geben, pro Hauptfigur eine. Sie sollen durch exzessiv dargestellte Gestik auffallen und sich auch in der Kleidung von den anderen Charakteren unterscheiden, um Verwirrung beim Zuschauer zu vermeiden. Auch auf diese wird im Weiteren noch näher eingegangen. „Dramatisch sind […] die inneren Vorgänge, die der Mensch vom Aufleuchten einer Empfindung bis zu leidenschaftlichem Begehren und Handeln durchmacht, sowie die Einwirkungen, die eigenes und fremdes Handeln in der Seele hervorbringt"[22], wodurch Gustav Freytag genannten Figuren ihre Existenzberechtigung in einem Drama untermauert.

2.2 Dramatisierungsvorgang

Nach Lösen aller vorgelegenen Probleme kann der Dramatisierungsvorgang begonnen werden. [2.2.1] Zuerst werden hierzu die im Stück auftretenden Figuren erarbeitet. „Der Begriff Figur (lat. Figura: Gestalt, Aussehen, Erscheinung) bezeichnet im Allgemeinen eine sinnlich wahrnehmbare Gestalt oder Form […] Im Drama und im Theater meint er die im Bühnengeschehen (re-)präsentierten Personen"[23].

2.2.1 Beschreibung der Figuren

2.2.1.1 Ehepaar als Hauptfiguren

Auch wenn es in „Sachliche Romanze" nicht explizit erwähnt wird, geht der Leser automatisch davon aus, die Hauptpersonen des Gedichts seien ein Paar. Man vermutet sogar,

---

[20] (Hoffmann Michel, Drama: Grundlagen - Gattungsgeschichte - Perspektiven, 2013); S. 14

[21] (Egri Lajos, Dramatisches Schreiben. Theater-Film-Roman, 2003); S. 146

[22] (Freytag Gustav, Die Technik des Dramas: Bearbeitete Neuausgabe des Grundlagenwerks für Theater-, Hörspiel- und Drehbuch- und Romanautoren, 2012); Was ist dramatisch?

[23] (Marx, Peter, Handbuch Drama: Theorie, Analyse, Geschichte, 2012); S. 105

ein Ehepaar, da „sie einander acht Jahre kannten"[24], „Küsse"[25] tauschen und sich trotz offensichtlicher Entfremdung dennoch nicht trennen. So sollen auch die Hauptfiguren in der dramatisierten Fassung ein Ehepaar sein. Im Gedicht von Kästner werden die beiden nicht stark charakterisiert und nur anhand von Pronomen lässt sich der jeweils Handelnde erkennen. Namen lässt Kästner ebenfalls außen vor. Was er hiermit bezweckt, ist selbstverständlich eine Verallgemeinerung der Situation. Er will zeigen, dass jeder von uns in der Haut einer seiner Figuren stecken könnte und so soll das Ehepaar in der dramatisierten Fassung ebenso unscheinbar sein. Sie haben weder extreme Neigungen oder Eigenschafen und verhalten sich die meiste Zeit eher gehemmt. Dies haben beide Figuren gemeinsam, denn „[e]in Kampf ist nur dann interessant, wenn die Kontrahenten ebenbürtig sind"[26] und so soll keiner der Partner den anderen an Pathos übertrumpfen.

2.2.1.2 Freunde des Paars

Doch „[w]enn [in einem Drama] alle Figuren vom selben Typ sind [...] wäre das vergleichbar mit einem Orchester, das nur aus Trommeln besteht."[27] Aufgrund dessen sollen die Freunde des Paars, die zusätzlich eingeführt werden, extreme und auffällige Stereotype sein. Der Freund des Mannes, dessen Name „Hardt" lautet, tritt als ungepflegter Prolet auf und fällt durch eine ordinäre Ausdrucksweise auf, da „[...] auch [die] Sprache unterschiedlich sein [muss], [w]enn Ihre Figuren richtig orchestrisiert sind"[28], „durch das, was eine Figur sagt, und dadurch, wie es sagt, stellt sie sich willkürlich oder unwillkürlich [...] selbst dar."[29] Damit entsteht ein Kontrast zwischen den Freunden und es können sich Konflikte und spannende Dialoge entfalten, da „keinen Konflikt [...]" zu haben bedeutet, „kein Stück"[30] zu haben" Die Freundin der Frau hingegen soll einige Frauenklischees erfüllen und gelegentlich etwas zickig und oberflächlich sein. Um ihr dennoch einige Sympathien beim Zuschauer zu gewährleisten, umfassen ihre Eigenschaften keine größere Negativität als eine herablassende Haltung und Beschäftigung mit belanglosen Themen, was im Gegensatz zu der weiblichen Hauptfigur steht und etwas Witz mit sich bringt.

---

[24] Sachliche Romanze, Z.1
[25] Sachliche Romanze, Z.6
[26] (Egri, Lajos, Dramatisches Schreiben. Theater – Film – Roman, 2003); S. 141
[27] (Egri, Lajos, Dramatisches Schreiben. Theater – Film – Roman, 2003); S 146
[28] (Egri, Lajos, Dramatisches Schreiben. Theater – Film – Roman, 2003); S. 150
[29] (Pfister Manfred, Das Drama: Theorie und Analyse, 2011); S. 171
[30] (Egri, Lajos, Dramatisches Schreiben. Theater – Film – Roman, 2003); S. 147

2.2.1.3 Figuren zur Darstellung der Innenwelt der Hauptpersonen

Als letztes werden noch zwei Figuren eingeführt, die vom Rest der handelnden Personen nicht wahrgenommen werden können und das Innenleben der Hauptfiguren darstellen sollen. Im Weiteren werden diese als G – Figuren bezeichnet. Im Wesentlichen haben diese zwei wichtige Funktionen. Zum einen dienen sie der Informationsübertragung. Mit Worten, aber auch gestisch und mimisch zeigen die G-Figuren Gedanken und Gefühle des Ehepaars. Jede G-Figur ist einer Hauptfigur zugeteilt und spricht deren Gedanken aus und stellt deren Gefühle dar. Dabei können die G-Figuren von den anderen Rollen nicht gesehen oder gehört werden und werden lediglich vom Zuschauer beachtet. Ihr zweiter Zweck ist es, das Stück aufzulockern. Durch übergroße Bewegungen und gnadenlose Offenheit sollen sie die Stimmung heiterer gestalten. Durch das Agieren der Figur und gleichzeitiges der zugehörigen G-Figur können im Falle einer Überschneidung der Aussagen ironische Situationen entstehen, denn „Dramen können ihre Informationen [...] sehr unterschiedlich platzieren und auf diese Weise Differenzen zwischen dem Wissen der Zuschauer/innen und den Figuren herstellen. Dabei lassen sich zwei Varianten unterscheiden: Die Figur weiß mehr als die Zuschauer/innen. Die Zuschauer/innen wissen mehr als die Figur – dieser Informationsvorsprung kann als dramatische Ironie bezeichnet werden."[31] Diese würde im Fall der gleichzeitig zu betrachtenden Gefühle und Gedanken einer redenden Person eintreten. Zugleich werden aber auch Wahrheiten über Menschen und deren Kommunikationscharakter offenbart.

2.2.2 Vorstellungen bezüglich Requisite, Bühnenbild und Kostüm

Neben den Figuren ist es auch wichtig, ein Bühnenbild zu entwickeln und sich Gedanken über Kostüm und Requisiten zu machen. „Als wichtigste [der visuellen Einzelcodes] sind dabei zu nennen: [...] Mimik und Gestik, Maske, Kostüm und Requisiten, Bühnenform, Bühnenbild und Beleuchtung."[32] Und „Bühnenbild, Kostüme, Requisiten, Schauspielstil und Sprache sind [dabei] auf getreue Wirklichkeitsnachahmung angelegt"[33] Der karge, betrübte Charakter des Gedichts von Kästner gibt hier einiges vor und lässt sich gut im Bühnenbild widerspiegeln. Die Bühne ist ästhetisch nicht stark ausgestattet und weist lediglich für jede Szene die nötige Requisite auf. „Die Wahl des Schauplatzes kann [...] Tonart des Stücks stark beeinflussen"[34] und so muss diese allen Anforderungen entsprechen, aber nicht allzu aufwendig erscheinen. In ihrer Mitte befindet sich eine Trennwand, die es ermöglicht, die Tagesabläufe beider

---

[31] (Schößler, Fanziska, Einführung in die Dramenanalyse, 2012); S. 76
[32] (Pfister, Manfred, Das Drama: Theorie und Analyse, 2012); S. 25f
[33] (Pfister, Manfred, Das Drama: Theorie und Analyse, 2012); S. 44
[34] (Ayckbourn, Alan, Theaterhandwerk: 101 selbstverständliche Regeln zum Schreiben und Inszenieren,2006); S. 46

Ehepartner in einer Szene zu betrachten, obwohl diese getrennt stattfinden. Die Requisiten beschränken sich auf die nötigen Sitzgelegenheiten, die in den verschiedenen Szenen auftauchen und Kleinigkeiten wie Zeitschriften und Stifte. Da es in dem Drama zu einigen Ortswechseln kommt, vereinfacht es das Verfolgen des Geschehens, wenn diese Orte sich unterscheiden. So finden sich in der Wohnung des Ehepaares beispielsweise ein Sofa und ein Tisch. Alle diese Requisiten sollen schlicht sein. Außerhalb von dem Geschehen findet sich nichts, was dazu führen soll, dass die Stimmung nicht zu ausgelassen wird und metaphorisch die triste Beziehung des fokussierten Ehepaares darstellen. Für die Kostüme gilt ähnliches. Jede Figur erhält ein Kostüm, das nicht abgewechselt wird und das die Figur charakterisieren soll, denn „[die] äußere Erscheinung beeinflusst unsere Einstellung zum Leben. Sie hat entscheidenden Einfluss auf unsere Art [...] Sie bestimmt unsere geistige Entwicklung mit [...] Sie ist die offensichtlichste dieser menschlichen Dimensionen."[35] Das Ehepaar kleidet sich schlicht und etwas altmodisch, gediegen für ihr Alter, Elis Kleidung ist bunt und schwingt, aber dennoch angepasst an ein Leben zuhause und Hardt soll in ausgewaschene und ungepflegte Klamotten eines körperlichen Arbeiters gekleidet sein, die primär auf Bequemlichkeit statt auf Ästhetik ausgerichtet ist. Spezieller werden die Kostüme der G-Figuren. Um diese von den Personen, die echte Menschen darstellen, abzuheben, sind ihre Kostüme komplett einfarbig in Weiß gehalten. Die Farbsymbolik veranschaulicht hier, dass die G-Figuren das Licht für die Handlung enthalten, denn das Freilassen dieser stellt am Ende die Lösung des Konflikts dar. Um sie zusätzlich von den Menschen abzuheben und etwas zu abstrahieren, tragen sie keine gewöhnliche Kleidung, sondern tragen als Kostüm einen Ganzkörper-Suit, der auch genügend Beweglichkeit gewährleisten soll. Zudem zeigt er die Freiheit der G-Figuren, die durch ihre vollkommene Offenheit und das Ausleben aller Gefühle frei und ungebunden sind.

2.2.3 Funktion der ersten Szene als Einleitung

Für Aristoteles war noch „wichtiger als die Charaktere"[36] die Handlung. Diese beginnt in der ersten Szene. In der Dramatisierung von „Sachliche Romanze" hat diese einen Einleitungscharakter und beschreibt die Ausgangssituation der Hauptfiguren, die in dem Gedicht vorgelegt ist. Alle folgenden Szenen gehen über das lyrische Werk hinaus und bauen darauf auf. In der ersten Szene jedoch wird den Rezipienten die Beziehung des Ehepaares beigebracht anhand eines Beispiels aus dem Alltag. Das Verhalten der Hauptpersonen zeugt hier von schlechter Kommunikation zwischen den beiden, was sich vor allem an vielen

---

[35] (Egri, Lajos, Dramatisches Schreiben. Theater - Film – Roman, 2003); S. 56
[36] (Hofmann, Michael, Drama: Grundlagen - Gattungsgeschichte – Perspektiven, 2013); S. 14

Gesprächspausen und dem Vermeiden direkter Gespräche abzeichnet. Hierbei bemerken nicht nur die Zuschauer das vorgestellte Problem, auch die Hauptpersonen werden sich mit Ende der Szene ihres Konflikts bewusst und so bietet die erste Szene die Basis für das Folgende.

2.2.4 Erläuterung der Szenen 2 bis 6
Daraufhin entwickeln sich die übrigen sechs Szenen, die vor allem von dem Versuch der Hauptfiguren handeln werden, ihre Ehekrise zu bewältigen.

2.2.4.1 Skizzierung der zweiten Szene
Eine logische Reaktion auf das eigene Bewusstwerden eines Problems ist die Diskussion dessen mit Nahestehenden. Hier werden die besten Freunde Eli und Hardt in die Handlung eingeführt. Zum ersten Mal kommt auch die Trennwand zum Einsatz, die es ermöglicht, dass zwei voneinander unabhängige Gespräche zugleich auf der Bühne stattfinden. Abwechselnd werden die beiden Seiten der Trennwand beleuchtet, um ausschnittsweise die Treffen und Gespräche für die Zuschauer zu zeigen. Inhaltlich wird das Geschehen in dieser Szene etwas aufgelockert durch die Natürlichkeit der Freunde im Gegensatz zur tristen Stimmung in der ersten Szene. Dies geschieht mit Befolgen eines Ratschlags von Alan Ayckbourn: „[J]e düsterer das Drama ist, um so mehr [muss man] nach der Komödie suchen […]. Wenn Sie die Zuschauer nicht gelegentlich vom Haken lassen, damit sie lachen können, wann Sie wollen, dann hören Sie plötzlich brüllendes Gelächter an Stellen, wo sie es nicht geplant hatten.“[37] Mit der rationalen Beleuchtung des Problems mit Vertrauten in einem einfachen Gespräch kann sich der Rezipient identifizieren aufgrund seiner Alltagstauglichkeit. Die Voraussetzungen, auf denen die Kunstform des Dramas beruht[38] „: […] auf der Wiedergabe menschlicher Handlungen, die im Allgemeinen der Erfahrungswelt des Publikums entsprechen […] auf der Möglichkeit des Zuschauerst sich in die Handlung und die Figuren einzufühlen oder sie als vorstellbare zu reflektieren“[39], werden hierin erfüllt. Mit dem Vorschlag, eine Paartherapie zu vollziehen, den die Freunde dem Ehepaar machen wird auf die dritte Szene übergeleitet.

2.2.4.2 Beschreibung der dritten Szene
Anschließend durchlaufen die Hauptpersonen in der dritten Szene ihre erste Therapiesitzung. Mit dieser Szene werden die G-Figuren eingeführt. Dies geschieht erst so spät, um zum einen den Zuschauern zuerst unbeeinflusst die Möglichkeit zu geben, die Situation zu beobachten

---

[37] (Ayckbourn, Alan, Theaterhandwerk: 101 selbstverständliche Regeln zum Schreiben und Inszenieren, 2006); S. 17
[38] Vgl. (Hofmann, Michael, Drama: Grundlagen - Gattungsgeschichte – Perspektiven, 2013); S. 11
[39] (Hofmann, Michael, Drama: Grundlagen - Gattungsgeschichte – Perspektiven, 2013); S. 11

und anschließend eigenständig zu beurteilen, ohne allzu viel Wissen über das Innenleben der Figuren zu haben, die ein Außenstehender gleichfalls nicht hätte und da man „sich gut [überlegen muss], an welchem Punkt der Story [man die] Figuren einführ[t]. [Man kann] mit allen auf einmal anfangen […] Aber normalerweise lohnt es sich, sie wohldosiert nacheinander einzuführen, wenn [man] nicht [will], daß die Zuschauer während der ersten Viertelstunde die Köpfe ins Programmheft stecken, um herauszufinden, wer wer ist." [40] Die Therapeutin versucht, das Ehepaar während der Sitzung zum Reden zu bewegen und wendet hierfür die üblichen Techniken an, wie in Gesprächen mit Psychologen erfahren wurde. Der Zuschauer erhält dadurch eine gute Gelegenheit, das Problem besser zu verstehen und auch die G-Figuren kennen zu lernen und der Autor die Gelegenheit, den Konflikt zu erklären. Die Therapeutin gibt dem Ehepaar die Aufgabe, in den nächsten Tagen auf ein Date auszugehen, um sich erneut näher zu kommen.

2.2.4.3 Umreißen der dritten Szene

Mit der vierten Szene bestreitet das Ehepaar ihre Aufgabe. Die Szene setzt nach einem Theaterbesuch in einem Cafe´ ein. Die G-Figuren bleiben zu diesem Zeitpunkt außen vor, da ihre Dramatik die gesamte Aufmerksamkeit auf diese zöge und der Zuschauer hier die momentan zarte Verbindung zwischen dem Ehepaar entdecken soll. Die Hauptfiguren führen zu Beginn der Szene eine direkte, wenn auch wenig lebhafte Unterhaltung, bei der sie bemerken, wie wenig sie über ihren Partner wissen und welche Veränderungen an ihm ihnen entgangen sind. Dies bereitet ebenfalls einige Unannehmlichkeiten und sie sprechen vornehmlich stockend über Belanglosigkeiten, flüssig wird ihr Gespräch stellenweise, aber dabei reden sie vollkommen aneinander vorbei und über, für den Zuschauer offensichtlich, unterschiedliche Themen. Besser wird ihre Kommunikation erst, als ein Kellner den beiden Blumen auf den Tisch stellt, die den Sichtkontakt zwischen ihnen unterbrechen. Hiermit wird eine kleine Verbesserung angedeutet, da die Figuren sich eindeutig noch etwas zu sagen haben und sich unterhalten können, aber eben nur stark eingeschränkt, denn ohne das Hindernis zwischen ihnen waren sie, wie zu Beginn der Szene dargestellt, zu kaum geistreicher Interaktion fähig. Das Date und damit auch die Szene endet in traurigem Schweigen, da die Unterhaltung erneut abgebrochen ist. „Nahezu ebenso wichtig wie das Sprechen können die Pausen und die sprachlosen Momente in Dramen sein" [41] und eben diese prägen diese Szene ganz besonders.

---

[40] (Ayckbourn, Alan, Theaterhandwerk: 101 selbstverständliche Regeln zum Schreiben und Inszenieren, 2003); S. 51
[41] (Schößler, Franziska, Einführung in die Dramenanalyse, 2012); S. 127

2.2.4.4 Funktion der fünften Szene

Das Problem, vor dem man als Autor an dieser Stelle steht, ist die geringe Tiefe der Charaktere und Handlung. Durch die G-Figuren wird zwar das Innenleben in der jeweiligen Situation dargestellt, sie zeigen aber keine längeren Kausalketten auf, da sie vollkommen intuitiv und temperamentvoll handeln. Zudem werden sie, trotz ihrer Zugehörigkeit, vom Zuschauer mit einem bestimmten Abstand zu der Figur gesehen, der sie anhängen. Die bestmögliche Lösung hierfür stellen eingeschobene Monologe dar. „Die Figur eines Dramas muss auf eine wichtige Ausdrucksmöglichkeit weitgehend verzichten, über die ein Prosatext verfügt, denn eine Innenschau [...] ist lediglich in begrenztem Maße möglich. Allein der [...] Monolog [...] steht für den Ausdruck von Gedanken und Gefühlen im Drama zur Verfügung"[42], „der [...] häufig dazu [dient], dem Zuschauer in ökonomisch geraffter Form Informationen über die Vorgeschichte oder über Handlungsabsichten zu übermitteln."[43] Ein Monolog soll nach Manfred Pfister, der den derzeitigen Forschungsstand einschließt, folgende zwei Kriterien aufweisen: „(1) das situative Kriterium der Einsamkeit des Sprechers, der seine Replik als Selbstgespräch an kein Gegenüber auf der Bühne richtet, und (2) das strukturelle Kriterium des Umfangs und des in sich geschlossenen Zusammenhangs einer Replik."[44] Dabei „beruht [der Monolog] primär auf der Konvention, einer nicht ausgesprochenen Übereinkunft zwischen Autor und Rezipient, daß eine Dramenfigur im Gegensatz zu einem wirklichen Charakter laut denkt, mit sich selbst spricht."[45] Und auch wenn Zuschauer dem, was eine Figur sagt nicht immer Glauben schenken mögen, und dies auch nicht immer tun sollten, so muss man bedenken, dass „[i]n der expliziten Selbstdarstellung [...] eine Figur bewußt ihr Selbstverständnis [thematisiert], sei es im Monolog oder im Dialog. Die Informationen, die der Rezipient dadurch über die Figur erhält, sind für ihn nicht objektiv und verbindlich, sondern werden von ihm als subjektiv gebrochene Selbstdarstellung gewertet."[46] Aber „[anders] verhält [...] [es] sich mit einer impliziten, unwillkürlichen dem Sprecher nicht bewußten und also von ihm nicht intendierten sprachlichen Selbstdarstellung [...]. Sie ist als solche nicht subjektiv gebrochen, nicht figurenperspektivisch verzerrt, sondern in ihr enthüllt sich dem Rezipienten unmittelbar die charakterologische und ideologische Disposition der Figur."[47] Somit wäre der Begriff des Monologs erklärt und kann, zusätzlich zu der Tatsache, dass es sich um „[l]ange Textpassagen" handelt, die „eine gute Möglichkeit, die verborgenen

[42] (Schößler, Franziska, Einführung in die Dramenanalyse, 2012); S. 81
[43] (Pfister, Manfred, Das Drama: Theorie und Analyse, 2001); S. 186
[44] (Pfister, Manfred, Das Drama: Theorie und Analyse, 2001); S. 180
[45] (Pfister, Manfred, Das Drama: Theorie und Analyse, 2001); S. 185f
[46] (Pfister, Manfred, Das Drama: Theorie und Analyse, 2001); S. 177
[47] (Pfister, Manfred, Das Drama, 2001); S. 177

Gedanken und Gefühle Ihrer Figuren zu enthüllen"[48] sind, ab vom Allgemeinen, weiter ausgeführt werden. Die Szene soll beiden Hauptcharakteren Gelegenheit zum Monolog geben und so kommt erneut die Trennwand zum Einsatz, die die Bühne visuell teilt. Der Monolog der Frau wird eingeleitet durch Recherchen im Internet, wo sie sich Tipps für ihre derzeitige Liebeslage erhofft und gleitet dann ab von dem Bezug zu einem Artikel, den sie liest, zu ihrer genauen Situation und in ihre Vergangenheit. Der Zuschauer erfährt, wie das Paar sich kennenlernte und weitere persönliche Details. Die männliche Hauptfigur beginnt seinen Monolog in seinem Büro, wo er Anträge auf Darlehen und ähnliches durchsieht. Über das Thema Geld beginnt er darüber zu sinnieren, was wirklich wichtig ist im Leben und kommt so zu seiner Frau und auch er offenbart dem Publikum die Geschichte ihres Kennenlernens und seine Sicht der Dinge. „Nur wer absichtslos liebt, wer keine Interessen hat, kann lieben um der Liebe willen, und nur derjenige, der um der Liebe willen liebt, der nicht an Geld, Macht oder Nutzen denkt, ist ganz frei in seiner Wahl"[49] ist die Meinung von Elke Reinhardt-Becker und weist hier an, was die Figur noch lernen muss . Mit den Monologen soll die Spannung beim Publikum gehoben werden, indem eine größere Anteilnahme und emotionale Bindung an die Hauptfiguren aufgebaut wird. Das Fazit der Überlegungen des Paars ist, dass sie mittlerweile eine große Menge an Unterschieden aufzuweisen haben und die Idee, mit einer, den Merkmalen nach, passenderen Person auszugehen, entsteht und wird angenommen.

2.2.4.5 Weiterführung in der sechsten Szene

In der sechsten Szene finden die angekündigten Dates statt, die die Freunde Eli und Hardt organisiert haben. Beide Treffen werden gemeinsam auf einer Bühne, wieder mit Teilung durch eine Trennwand, aufgeführt. Das Date der Frau beginnt relativ viel versprechend, sie unterhalten sich auf direkte Art und auch die G-Figur der Frau scheint begeistert ob der Aufmerksamkeit, die der Mann ihr zu Teil werden lässt. Doch recht schnell wendet sich dies ins Gegenteil und sämtliche Äußerungen des Mannes werden von der G-Figur verspottet und verlacht, während nur die Frau diese scheinbar wohlwollend akzeptiert. Das Date des Mannes wird während dessen Ende gezeigt. Die Stimmung ist ausgelassen und der Datingpartner findet offensichtlich gefallen an dem Mann, während dieser zwar viele Gemeinsamkeiten mit der Frau findet, seine G-Figur diese aber noch skeptisch betrachtet. Mit Entwicklung des Treffens ebbt auch die Sympathie des Mannes zu seinem Date ab, wenn auch nicht wegen Unzulänglichkeiten der Frau, sondern aufgrund dessen, dass es nicht die Gemeinsamkeiten zu

---

[48] (Ayckbourn, Alan, Theaterhandwerk: 101 selbstverständliche Regeln zum Schreiben und Inszenieren, 2006); S. 81
[49] (Reinhardt-Becker, Elke, Seelenbund oder Partnerschaft?: Liebessemantiken in der Literatur der Romantik und der Neuen Sachlichkeit, 2005); S. 88

dieser Frau sind, die er sucht, sondern dass er es in Betracht sieht, mehr Arbeit in die Beziehung zu seiner Ehefrau zu investieren, um diese nicht zu verlieren. Dem Schriftsteller Egri Lajos nach ist „[e]in menschliches Wesen […] eine Ansammlung scheinbarer Widersprüche"[50] und dies erklärt wohl, warum ihnen im Grunde nicht immer bewusst ist, was sie tatsächlich wollen. Um auf keinen Fall von der eigentlichen Handlung des Ehepaares abzulenken werden die kurzfristigen Partner des Ehepaares dem Langzeitbeziehungspartner nicht vorgestellt, da„[j]eder, der sich einer Schlüsselfigur entgegenstellt, […] notwendigerweise zum Gegner oder Antagonist"[51] wird, was auch in kleiner Form hier vermieden werden soll. Eifersucht soll kein Motiv für eine ausschlaggebende Handlung sein.

2.2.5 Beendung des Dramas in der siebten Szene

„[E]in Stück […] besteht im Grunde genommen von Anfang bis Ende aus einer Krise, die zu einer zwingend logischen Auflösung führt."[52] Der Konflikt oder auch besagte Krise des Dramas wird letztendlich in der siebten Szene aufgelöst, die mit zwei unabhängigen Telefonaten zwischen dem Ehepaar und dem jeweiligen Vertrauten beginnt, bei dem beide ausweichende Rezensionen über das gerade vergangene Treffen abgeben, während nur die G-Figuren die Wahrheit über deren negative Meinungen verkünden und schließlich auflegen, ohne vorher jeglichen Inhalt besprochen zu haben, nicht aber ohne anzukündigen, ihre Ehe nicht einfach aufzugeben. Anschließend wird die Trennwand von den G-Figuren gewaltsam entfernt, was symbolisch schon für das Entfernen von Hindernissen steht. Das Ehepaar setzt sich gegenüber an einen Tisch, der in der Mitte der Bühne von den G-Figuren aufgestellt wird. Es beginnt ein zögerliches Gespräch, das leise Hoffnung macht, aber sofort wieder beendet wird und von erdrückendem Schweigen ersetzt wird, noch betont durch eine fehlende Mimik und Gestik der Beteiligten. Die Stille wird erst unterbrochen durch die G-Figuren, die jeweils Mann und Frau anschreien und zu Taten appellieren, was jedoch erfolglos bleibt. Frustriert nehmen die G-Figuren zum ersten Mal Kontakt untereinander auf und schreien sich gegenseitig an, schieben sich die Schuld zu und übernehmen ein Aussprechen des Ehepaars, indem sie einander sagen, was sie schon immer gestört hat und woran die Beziehung, wie sie glauben, zerbrach. Dieser Ausbruch der Gefühle ist vor allem an der Verwendung von vulgärer, für die Figuren unüblicher Sprache, der gesteigerten Lautstärke und der Körperspannung zu sehen. Diese Unflätigkeit wird von Ansgar Hillach gerechtfertigt: „Sprache und Situation sind zusammenzusehen, es muß ein erkennbares Verhältnis zwischen

---

[50](Egri, Lajos, Dramatisches Schreiben. Theater - Film – Roman, 2003); S. 76
[51] (Egri, Lajos,Dramatisches Schreiben. Theater - Film – Roman, 2003); S. 145
[52] (Egri, Lajos, Dramatisches Schreiben. Theater - Film – Roman, 2003); S. 146

ihnen bestehen.“[53] Nach einiger Zeit des schreienden Redens fordert die G-Figur der Frau die G-Figur des Mannes energisch auf, etwas zu tun. Daraufhin packt dieser die G-Figur und küsst sie, während das Ehepaar noch immer reglos am Tisch sitzt und der Vorhang fällt. Damit ist das Ende nicht vollkommen erklärt, aber dennoch angedeutet positiv.

2.3 Parallelen zwischen lyrischem und dramatischem Text

Da das Drama im Auftrag der Dramatisierung eines lyrischen Textes entstand, sind einige Parallelen zu finden, die im Folgenden noch einmal ausführlich erläutert werden. Formell werden im Gedicht die behandelten Personen nicht benannt und nur mithilfe von Personalpronomen erläutert und auch unterschieden. So ähneln sich auch die beiden Protagonisten in der dramatisierten Fassung und werden nicht benannt. Dem Zuschauer ist gänzlich unbekannt, wie die Personen heißen können und kann sie auch selbst nur als „Die Frau“ und „Der Mann“ bezeichnen, da selbst die anderen Figuren im Stück nur Koseworte oder ähnliches verwenden.

Ein wichtiges Merkmal des Gedichts und auch Erich Kästners selbst ist das Stilmittel der Ironie, mit dem er in nahezu jedem seiner Werke spielt. Darauf wird auch in dem Drama angespielt. Vor allem in den Szenen, in denen die G-Figuren auftreten wird dies deutlich, wobei das Ganze seinen Höhepunkt in der sechsten Szene, wenn vor allem die Innenwelt der Frau gänzlich verschieden zu ihrem äußeren Bild handelt und so eine ironisch-komische Situation entsteht, wie „[n]eue Theoretiker […] die grundlegende Bedeutung des Theatralischen für die Komödie, die sich sogar in einem fundamentalen Widerspruch zwischen Text und Körpersprache artikulieren kann“[54] hervorheben. Gleichzeitig wird aber die scheinheilige, lügnerische Seite der Menschheit ganz offen gezeigt mit dem Ziel, dass „[i]m Theater […] die Gesellschaft über ihr Tun, ihr ‚Wesen‘ [reflektiert], indem sie ihre eigenen Handlungen anschaut und kritisch reflektiert.“[55] „Wenn sich Aktion und Sprache nicht entsprechen, können sie in einem Verhältnis der Kommentierung, der Ergänzung oder des Widerspruchs stehen und auf diese Weise komplexe Aussagen hervorbringen“[56], die viel dichtere Informationen vermitteln als es ein einfach Dialog vermag.

Das Ende von „Sachliche Romanze“ lässt die erzählte Geschichte gänzlich offen und lässt den Leser kaum erahnen, was folgen wird. Das Ende des Dramas ist ebenfalls offen dargestellt, jedoch nicht vollkommen. Ein gutes Ende wird überdeutlich angedeutet. Auch wenn dieses

---

[53] (Hillach, Ansgar, Die Dramatisierung des komischen Dialogs, 1967); S. 30
[54] (Hofmann, Michael, Drama: Grundlagen - Gattungsgeschichte – Perspektiven, 2013); S. 19
[55] (Hofmann, Michael, Drama: Grundlagen - Gattungsgeschichte – Perspektiven, 2013) S. 28
[56] (Schößler, Franziska, Einführung in die Dramenanalyse, 2012) S. 115

nach Schluss des Dramas noch nicht erreicht wurde, lässt es doch auf eine glückliche Zukunft des Paares hoffen. „[I]n seiner [geschlossenes Dramenende] idealtypischen Form setzen hier die Einlösung aller noch offenen Fragen, die Aufhebung aller Informationsdiskrepanzen und die Entscheidung aller Konflikte ein deutlich markiertes Schlußsignal"[57], womit das Ende der Dramatisierung nicht eindeutig als ein geschlossenes Ende bezeichnet werden kann.

Was das Gedicht stark ausmacht ist seine Stimmung, die man als trübsinnig, melancholisch und bedrückend empfindet. Dies spiegelt sich deutlich in der Kommunikationsarmut der Personen wider und findet seine Spuren ebenfalls im Drama, wo diese mehrfach demonstriert und manchmal zu gebrochener oder einfach schlechter Dialogführung umgewandelt wird, da sich „[d]er dramatische Text [...], im Gegensatz zu rein literarischen Texten, nicht nur sprachlicher, sondern auch außersprachlich-akustischer und optischer Code" bedient und ein „synästhetischer Text"[58] ist. Mit dieser Schwäche in der Kommunikation und der teilweise rüden Ausdrucksweisen mancher Figuren passt das Drama gut in die Gegenwart, da es „häufig dadurch bestimmt [ist], dass die Figuren eine unbeholfene und mühsame Alltags- und Umgangssprache (s. Betten 1985), ja eine degenerierte, entstellte, rudimentäre Sprache sprechen, ihre Gefühle nicht verbalisieren, ihre Absichten nicht artikulieren können und teilweise verstummen und sprachlos werden."[59]

3.Schluss

Eine Einteilung in verschieden geartete literarische Werke scheint auf jeden Fall vernünftig, auch wenn diese nicht immer eindeutig ist. Es kann auch nicht abgestritten werden, dass sich zwischen einem Gedicht und dessen dramatischer Fassung eklatante Unterschiede finden lassen, die nicht einfach zu ignorieren sind und so führt dieser Versuch sicher nicht auf einen Weg, der den Zweck von Gattungsunterscheidungen bestreitet. Dennoch haben Lyrik und Drama und auch die übrigen Richtungen eine wichtige Gemeinsamkeit, denn sie sind alle Literatur, alle geschriebenes Gedankengut und erfüllen so alle denselben Sinn. Sie helfen, auszudrücken, was nicht leicht zu verstehen ist, darzustellen, was nicht leicht zu begreifen ist und helfen alle bei der Übertragung von Informationen auf eine subjektive Art und Weise, die die Menschen über sie diskutieren lässt und diese positiv wie auch negativ verändert, anregt oder bewegt.

---

[57] (Pfister, Manfred, Das Drama, 2001); S. 138
[58] (Pfister, Manfred, Das Drama, 2001); S. 25
[59] (Waldmann; Günter, Produktiver Umgang mit dem Drama, 2010); S. 247

4. Literaturverzeichnis

4.1 Literaturquellen

1. Ayckbourn, Alan, Theaterhandwerk: 101 selbstverständliche Regeln zum Schreiben und Inszenieren, Berlin 2006

2. Becker, Sabina, Grundkurs Literaturwissenschaft, Ditzingen 2006

3. Egri, Lajos, Dramatisches Schreiben. Theater - Film – Roman, 2003

4. Freytag, Gustav, Die Technik des Dramas: Bearbeitete Neuausgabe des Grundlagenwerks für Theater-, Hörspiel- und Drehbuch- und Romanautoren, bearbeitete Neuauflage, 2003

5. Hillach, Ansgar, Die Dramatisierung des komischen Dialogs, Michigan 1967

6. Hofmann, Michael, Drama: Grundlagen - Gattungsgeschichte – Perspektiven, 1. Auflage, 2013

7. Lamping, Dieter, Das lyrische Gedicht. Definitionen zu Theorie und Geschichte der Gattung (Orbis Biblicus Et Orientalis), 3. Auflage, Göttingen 2001

8. Schildbach, Werner, Die Dramatisierung des naturalistischen Romans bei Emile Zola, Halle 1937

9. Marx, Peter, Handbuch Drama: Theorie, Analyse, Geschichte, Stuttgart/Weimar 2012

10. Pfister, Manfred, Das Drama: Theorie und Analyse, 11. Auflage, München 2001

11. Reinhardt-Becker, Elke, Seelenbund oder Partnerschaft?: Liebessemantiken in der Literatur der Romantik und der Neuen Sachlichkeit, Frankfurt am Main 2005

12. Schößler, Franziska, Einführung in die Dramenanalyse, Stuttgart 2012

13. Waldmann, Günter, Produktiver Umgang mit dem Drama - Eine systematische, Einführung in das produktive Verstehen traditioneller und moderner Dramenformen und das Schreiben in ihnen. Für Schule (Sekundarstufe I und II) und Hochschule 6. Auflage, 7. Auflage, 2010

14. Willmann, Verina Maria, Erich Kästner. Neue Sachlichkeit und persönliche Erfahrungen: Eine Interpretation der Gedichte "Sachliche Romanze" und "Repetition des Gefühls", 2014

15. Hartmann, Selina, Gedichtanalyse und Interpretation zu 'Sachliche Romanze' von Erich Kästner, Frankfurt am Main 2002

4.2 Internetquellen

1. http://www.duden.de/rechtschreibung/Epik

2. http://www.duden.de/rechtschreibung/Lyrik

3. http://www.duden.de/rechtschreibung/Drama